LARVAS DE LUZ

LARVAS DE LUZ

PAULA RUIZ SANTAMARÍA

Valparaíso
EDICIONES

Número 529 de la Colección VALPARAÍSO DE POESÍA
dirigida por FEDERICO DÍAZ-GRANADOS

Diseño de colección y portada: Chari Nogales

Primera edición: octubre de 2025

© De los poemas: Paula Ruiz Santamaría
© Imagen de portada: Irene Solé Canet

© Valparaíso Ediciones
C/ Fray Leopoldo, 7 bajo, 18014 Granada
www.valparaisoediciones.es

ISBN: 979-13-87538-96-5
Depósito Legal: GR 1258-2025

Impreso en España - *Printed in Spain*
Gráficas Gami

LARVAS DE LUZ

Para Pedram

ORLEGIA

Recuerda quién eres
la edad de tu memoria
los relatos antiguos
cada punto de inflexión.

Cuando el latido de lo que no es
pueda contigo
y la incertidumbre
que todo lo subraya
en este otro lado
se acreciente

Y tú
huérfana de abrazo
amamantes mercurio
y sepa a sangre la boca
tan lejos de una tierra
que todavía no logras comprender.

Porque has tenido
que llegar aquí
isla inconexa
e incómoda
que expone tus ideas
socavando tu corazón
para poder mirar
lentamente
a Ítaca

Verde
que se te atraganta
y que está en todo.

Por eso,
y por tanto más,
la suavidad
es solo un privilegio
que no todas
podemos permitirnos.

Y solo aullando
nos acercamos a la verdad
cueste lo que cueste
en ayunas
bebiendo del agua más pura
solas
pero soberanas.

ORILLA

Para poder llegar a ti,
he tenido que forjar
una zanja al desamparo,
sobrevivirme en todo
lo que inhibía mi capacidad
de abrirme como la tierra
para gestar
este tiempo compartido.

Para alcanzarte,
he tenido que
desechar todos los prejuicios
inevitablemente
y sin quererlo
para concluir
que el corazón
sí puede traducirse.

Así que ahora
arrímate,
acostat
hurbildu niregana
get closer

Y que siga siendo así de suave
el existir junto a la otra
que no me deje nada
en el plato del nosotras

que sigamos
abrazando la caída
cuando todo se derrumbe

Que sostener
sea siempre prioritario
y no nos olvidemos
de buscarnos
alejando el miedo
con nuestras manos.

MADERA, PIEDRA Y ACERO

Los muebles irán perdiendo
el brillo
poco a poco
nos costará acercarnos
como en el pasado
cuando todo
tenía solución.

Las cosas se estancarán
sinsentido
por miedo o por recelo,
será fácil separarnos.

Entenderemos
que la vida no fue
lo que pasaba en ese lapso
sin responsabilidades
y sin muertos
vendrán los días
en que volveremos a rezar.

Sentiremos quizás
que no sabíamos
de la vida
casi nada.

Escribo ahora
porque ahora

no hay muertos
y yo
también estoy viva.

Mi amor por todos
es tan real
como doloroso

En este plano
donde todo muta
la vida
es una metástasis.

(julio de 2022)

SIRENA ÚNICA

Tu estela
es de niña
larva encendida
primogénita

Me aferro a ti
cuando no hay nadie
al otro lado
porque sé
que tú
quizás solamente
entiendas las señales.

Eres la única sirena
porque no hay obstáculos
en tu camino al fondo
cuando sigues tu instinto
transparente

Me das la mano
y me quedo en silencio
porque sé
que contigo
quizás solamente
pueda ser sin palabras.

Viniste
arrojando música
a mis fisuras
con tus manos
de diamante

Tu supervivencia
es contagiosa
me alimentas
con palabras ancestrales

Pájaro oscuro
de extraño vuelo
no te detengas por mí
atraviesa la vida

Cubre
con tu piel de seda
mis heridas
planeando cerca
de mis días

Pues no hay más certeza
ahora
no
que tu risa de niño
midiendo
nuestros sueños.

BARBECHO

Como si todo el cuerpo
se tendiera al sol
para curar
vacío ya
de huesos
y dirección
tela,
muerte del músculo
carente de intenciones.

Habitar
arena/hierba/asfalto
hasta secarme
y que ya no quede nada
toda esta carga
de heridas
que no me pertenecen
y las nuevas

Que me vacíen
con una cuchara
y sea tan ligera
que no sienta
ni la piel
que mis pasos
solo me lleven
a donde deba llegar

Y yo dejarme ser
toda entera

Ojalá tuviera alas
hermosas mías
que me abrigaran
brillantes
para poder creer
con ellas
que por fin
soy suficiente.

ESTAR VIVA

Soñamos
con la vida que jamás será
mientras los días
nos miran perplejos.

Escudriñamos el tiempo:
o moldeamos cada segundo
para dotarlo de sentido
o lo perdemos inútilmente.

Pero un día
se extingue la vida
y el surco en el alma
ya no tiene medida.

Y rezamos,
abalanzándonos sobre Dios
tachándolo de injusto
cuando nadie nos prometió
en realidad
nada más
que este instante
que ya no es.

TODOS LO SABEN

Déjame
que al menos sea yo
por fin la que decida
que mi palabra
sea tangible

Látigo que duela

La esquina oscura
que fue tumor
desde antes
mucho antes
ahora es espera

Y yo
que solo me tengo a mí
demasiado humana
demasiado brecha ya
deseo
d e s i n t e g r a r m e

Deseo
la división molecular
que las raíces no sean anclas
dejar que tu tristeza total
no socave siempre mi alegría

Des   anudarme
    Flotar
  en mis silencios

Déjame ser
aire
al margen del final
al menos
hasta que llegue.

VIOLENTA LUZ

He esperado
poder ser
luciérnaga,
resucitar en vano
después de tanto lodo

Creído
que podía albergar
adentro al mundo
para que no pasara frío
siempre a costa de mi frío

He soñado
que podía alcanzar la paz
escondiéndome
que la vida sin amor
era posible

Pero todo era mentira
y aún sigo sin saber cómo quedarme
lejana siempre
sin brújula ni asidero
giratoria

He estado sola
cicatrizando
y sola sigo en este viaje
de líneas curvas y maleza.

Pero es más fácil
cuando recoges mis cenizas
y en tus manos
son polvo de galaxias.

TAMBORES

Como supe:
que entrarían en nuestra casa
que jamás dejarías de fumar
que nunca volvería a esa ciudad
que ya no seríamos amigas
que las flores no crecerían
que no te abrazaría más
que todas me fallarían
menos una
así sé ahora también
que tu vida es un bebedero
en el que ya no hay
más que una gota
y aunque no te lo creas
y aunque ya no sepa cómo
he rezado por ti
he abrazado tu carne
por última
y también
primera vez.

(agosto de 2022)

SIN TÍTULO

Antes de ti la apatía
el pánico
de no saber
si llegaré a amar otro cuerpo
sin sangre de por medio
si llegaré siquiera a amar

Antes de ti el despecho
el desprecio por lo suave
la mirada opaca
de la que todo lo ve
y sin embargo no puede
materializar su deseo.

Que tú llegaras
para poder descansar
reposar mi piel
sin tensión
en tus brazos
es un milagro

Que desee tu presencia
sin miedo y sin cautela
que pueda ser
cruda incontrolable
y tú lo abraces con los ojos
me sobrecoge

Que imprimas solo luz
en todo lo que tocas
piano el cuerpo
mi cerebro que acaricias
tus ojos ventana a mí:
   Redescubierta

NADA

La verdad es una guía,
los sentimientos
mapa.

Loca
por saber decir que no
por no creer en Dioses
solo en las mías

Tantos años
en altamar
y aun así tan próxima
que siento vuestra respiración

En esta nada sin nombre
estratosférica ausencia

Despertar de golpe
y que ya no quede nada:
curarme las heridas
seguir nadando.

FAKE SOLSTICIO

Brumas cansadas
y el pretérito
que nunca volverá
solo son las siete
y yo
quenopuedodetenerme.

Impertérrita
y aun así tan entraña
pero por qué no me atraviesa
por qué solo a veces
por qué normalizo la violencia
por qué ya no puedo gritar

Ensangrentada
en silencio
me deshago
cómplice
y pasiva
mientras escucho a Rivera
no paro de llorar

Solo Rivera
y Sosa
consiguen que me rompa.

REPARACIONES

Pido
que sea posible pegar
los pedazos todavía.

Que valga la pena
confiar sin restricción
que no
nos extraviemos

en la memoria

Que no
nos olvidemos de sentir.

Que nadie agarre el timón,
solo nosotras
reinas,
únicas creadoras
de nuestro destino.

CADUCA

No hay descanso,
arrugo la frente y los papeles
escribo en mi mente
y en los archivos
no puedo parar.

Desaparezco
tal y como era
mi rostro es el de otra
reconozco el movimiento
ya no estoy dispuesta a disparar.

Me abalanzaba
con la boca tan abierta
que me pescaban
casi siempre
pero ya no soy anzuelo.

Arrebatada
devoraba el tiempo
compartía mi cuerpo
fingía contento
no sabía llorar.

Ahora sonrío
a lo que no pudo ser
porque estoy tan llena
que me arranco la pena
a dentelladas.

Y solo espero
encontrar el sustento
al agarrar mi silueta;
llenarla de luz
y de paciencia.

CAJAS ROJAS

Ni suerte ni promesas
que toda la sed
despierte
cada secreto.

No disimules
tanta paz
engangrenada.

Pájaro batiente
que avivas los sueños
arremolínate en el centro
donde todo estriba.

Verdad
que es aguacero de luz
milagro que se posa
donde el dolor se obceca.

Cajas rojas
amapolas de sangre y tierra
creciendo para dentro
nuestros silencios.

ZOE

Celebrarte
a través de la piel
que suda
la comida que me haces
órgano que reposa
junto a tu estela.

Tú
que respetas mi vida
más que yo misma
tienes que saber
que el mundo es otro
desde que existes.

Repaso
los rostros olvidados,
su oxidado amor
que nadie merecía
pero tuve que probar
y solo siento indiferencia.

Ahora
que todo está tan vivo
ni siquiera el recuerdo
lastima
el fuerte amor
que nos sostiene.

SI TODO FUERA ESTO

En días como este
donde el sol dora mi tiempo
y hace frío en las pestañas
pero por dentro borboteo
quiero vivir despacio.

Agarrada a tu deseo
solamente
sin que duela nada tanto
a pesar de nuestro impulso
Alfa
sin heridas.

Acariciar las horas
en que consigue descansar
esta máquina de letras
que apenas cesa
hasta tu tacto.

Si yo pudiera
entender
cómo lo haces:
coserme las ganas
cada madrugada.

SILENCIOS LABERINTO

Roto el día ya
por el llegar
y sorprenderse
siempre
en el desapego.

El agua,
el gris,
las proyecciones,
todo el ruido.

Tanto ayer acumulado
que se me agolpa
y cuesta ser eje
frente a la velocidad.

Ante el corazón de las cosas
me demuestro *humanimal*
soy solo lo que recuerdo
pero también
todos mis huecos.

No tengo apenas,
soy un bis,
puro nervio,
negativo
de lo que rechazo.

Tan similar y tan extraña
no puedo más que amar
esta piedra,
este gris, esta mañana.

QUÉ MÁS

Lo que roza
mi carne
es demasiado material
el grito sordo
adormecido el animal
encarnizado.

Rota la cadena
solo seguir
ya no hay vínculo
tampoco necesidad.

Solo silencio
solo mi cuerpo
que no consigue
más que dolerse
a cada paso
cada minuto
en que despierta
de sí

Para tener
que volver al mundo
donde todo es aguja
donde todo es esquina

Fría pared
océano sin vida

cuerpos que se mueven
por calor y por comida
desde el miedo

Cadáveres
tanta sed.

La angustia
de no saber
la verdad
ni tampoco la mentira

Solas
a ciegas
atragantadas
repasando las huellas
sin ser
más allá del ayer
y sin mañana

Silencio

Después del mal
después de las palabras
después de los puñales
después de la mirada
después de las máscaras

De los jarrones del alma
que se llenan
y se rompen

para después cortar la piel
desde dentro
como una tela

Entonces
cuando solo hay
retazos
volver a empezar
a coserme lenta
en silencio y sola
como tantas otras veces

Pegar cada fragmento
como cromos
con saliva,
papeles
sin brillantina,
consumidos
e incoloros,
aclarados
por el sol

Pero con pasado
pero con textura
vivos,
después
de tanta guerra
para nada.

NOTAS DE LA AUTORA

1. "Soy solo lo que recuerdo" hace un guiño a "Soy todo lo que recuerdo", título y parte de una canción de Gabo Ferro.

2. *Humanimal* no es un término mío, bebe de las ideas posthumanistas de autorxs como Haraway, Deleuze y Guattari y ha sido utilizado por otrxs como Kalpana Rahita Seshadri o Marta Sagarra. Según el profesor y filósofo italiano Felice Cimatti "la humanimalidad implica olvidar haber sido un ser humano. Cuando uno olvida la humanidad y deja de temer a la animalidad, entonces puede comenzar la humanimalidad." (Traducción propia). Referencia en: https://cafedissensus.com/2017/12/31/humanimality/

ÍNDICE

Orlegia..........11

Orilla..........13

Madera, piedra y acero..........15

Sirena única..........17

فرشته..........18

Barbecho..........19

Estar viva..........21

Todos lo saben..........22

Violenta luz..........24

Tambores..........26

Sin título..........27

Nada..........29

Fake solsticio..........30

Reparaciones..........31

Caduca..........32

Cajas rojas..........34

Zoe..........35

Si todo fuera esto..........36

Silencios laberinto..........37

Qué más..........39

Notas de la autora..........43